Les Éditions du Boréal
4447, rue Saint-Denis
Montréal (Québec) H2J 2L2
www.editionsboreal.qc.ca

L'année
CHAPLEAU
2008

SERGE CHAPLEAU

L'année CHAPLEAU 2008

Boréal

Les Éditions du Boréal reconnaissent l'aide financière du gouvernement du Canada par l'entremise du Programme d'aide au développement de l'industrie de l'édition (PADIÉ) pour ses activités d'édition et remercient le Conseil des Arts du Canada pour son soutien financier.

Les Éditions du Boréal sont inscrites au Programme d'aide aux entreprises du livre et de l'édition spécialisée de la SODEC et bénéficient du Programme de crédit d'impôt pour l'édition de livres du gouvernement du Québec.

Illustration de la couverture : Serge Chapleau

© Les Éditions du Boréal 2008
Dépôt légal : 4ᵉ trimestre 2008
Bibliothèque et Archives nationales du Québec

Diffusion au Canada : Dimedia

Catalogage avant publication de Bibliothèque et Archives nationales du Québec et Bibliothèque et Archives Canada
Chapleau, Serge, 1945-

    L'Année Chapleau

    ISBN 978-2-7646-0634-6

    1. Caricatures et dessins humoristiques – Canada. 2. Canada - Politique et gouvernement – 1993 – Caricatures et dessins humoristiques. 3. Québec (Province) – Politique et gouvernement – 1994 – Caricatures et dessins humoristiques. 4. Humour par l'image canadien. I. Titre.

NC1449.C45A4   971.064   C95-300755-3

HARPER A RENCONTRÉ LE DALAÏ-LAMA

Saku Koivu ne parlerait pas français. Pauline Marois s'en émeut.

Le ministre Peter McKay se rend en Afghanistan,
tandis que Denis Coderre rentre de sa « mission » que n'a marquée aucun incident.

Seulement 43 % des élèves des écoles publiques
réussissent le volet orthographique des examens du Ministère.

SARKOZY VEUT RECONQUÉRIR LE COEUR DE L'AMÉRIQUE

Le président français en voyage officiel aux États-Unis.

Le cardinal Marc Ouellet s'excuse pour les « attitudes étroites »
de certains catholiques dans les années 1960.

KARLHEINZ SCHREIBER TÉMOIGNE

L'homme d'affaires allemand, en attente d'extradition,
est appelé à témoigner devant le Comité d'éthique de la Chambre des communes.

LE GÉNÉRAL STÉPHANOV ILLARIONOVITCH KOUTOUSOV DIONOVITCH ATTENDANT SON HEURE

Stéphane Dion déclare vouloir relire les mémoires du grand général russe pour y trouver de l'inspiration.

Pauline Marois propose une « conversation nationale » à la place d'un référendum.

KARLHEINZ SCHREIBER CONTINUE SON TÉMOIGNAGE

Vincent Lacroix, ex-PDG de Norbourg, en prison.

CONRAD BLACK EN PRISON

Karlheinz Schreiber déclare avoir remis 300 000 $ à Brian Mulroney
à l'époque où il était premier ministre.

Le président français, Nicolas Sarkozy, épouse la top model et chanteuse Carla Bruni.

400e DE QUÉBEC:
DUMONT AIMERAIT VOIR LED ZEPPELIN

PAULINE MAROIS MIMANT QUELQUES «GESTES DE SOUVERAINETÉ»

S'il est porté au pouvoir, le Parti québécois fera des « gestes de souveraineté »
avant la tenue d'un référendum.

LES CIGARILLOS À SAVEUR DE FRUITS TROUVENT UN ATTRAIT CHEZ LES JEUNES

RENTRÉE PARLEMENTAIRE: HARPER SE VEUT PLUS CONCILIANT

La ministre de l'Éducation, Michelle Courchesne, est préoccupée par l'abandon de la dictée.

Brian Mulroney, qui vient de lancer ses mémoires,
annule sa participation au Salon du livre de Montréal.

Le gouverneur de l'État de New York démissionne
après avoir régulièrement eu recours aux services d'une agence de *call-girls*.

Le ministre de la Santé, Philippe Couillard,
désapprouve les principales recommandations du rapport Castonguay.

IL N'Y AURA PAS D'ÉLECTIONS

Visite du couple présidentiel français à Buckingham Palace.

SUSPENSIONS

5 MATCHS POUR PATRICK

7 MATCHS POUR JONATHAN

LA FIÈVRE DU HOCKEY N'ÉPARGNE PERSONNE

MAX MOSLEY RÉAGIT

Le président de la Fédération internationale de l'automobile
impliqué dans un scandale sexuel à connotation nazie.

LA FLAMME OLYMPIQUE CONTINUE SON PÉRIPLE

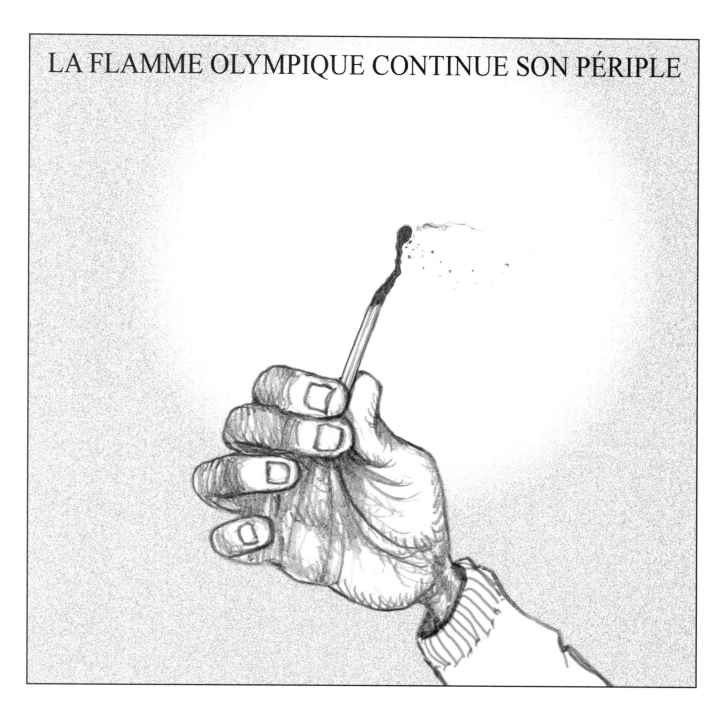

Des manifestants réussissent à éteindre la flamme olympique à Paris.

UNE AUTRE GAFFE DE MAXIME BERNIER

Le ministre des Affaires étrangères crée un malaise en critiquant publiquement le gouverneur de Kandahar. « Est-ce que c'est la bonne personne, à la bonne place, au bon moment ? » demande-t-il.

Le militant animaliste Paul Watson se trouvait à bord d'un navire, battant pavillon hollandais, arraisonné pour s'être trop approché de chasseurs de phoques.

Une mauvaise pénalité à l'attaquant des Canadiens donne la victoire aux Flyers.

APRÈS LE CIGARILLO À SAVEUR DE FRUITS POUR LES ADOS, VOICI POUR LES POUPONS LE CIGARILLO À SAVEUR DE PABLUM

Nathalie Simard s'installe en République Dominicaine.

PENDANT CE TEMPS, À MONTRÉAL-NORD,
LE 100 MÈTRES AVEC TÉLÉ!

LE NPD DANS LES PLATEBANDES DU BLOC QUÉBÉCOIS

Politique fédérale Le tandem Layton-Mulcair amorce une opération charme auprès des grands syndicats du Québec

MICHAËLLE JEAN: LES FRANÇAIS SONT CONQUIS

La Gouverneure générale du Canada en voyage officiel en France.

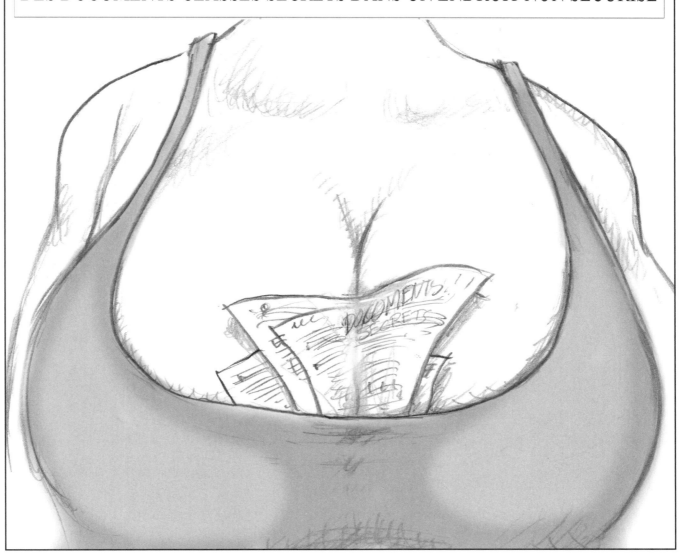

Le Doc Mailloux et Stéphane Gendron sollicités par TQS.

Sur son site Web, Justin Trudeau ne rejette pas l'idée
que des extraterrestres veuillent immigrer au Canada.

Les propriétaires de TQS défendent devant le CRTC
leur décision de supprimer le service de l'information.

La grenouille et le boeuf

ou

Dion souhaitant être aussi populaire que Charest

"Regardez bien, M.Charest;

Est-ce assez? dites-moi: n'y suis-je point encore?

– Nenni.

M'y voici donc?

– Point du tout.

M'y voilà?

– Vous n'en approchez point."

La chétive pécore

S'enfla si bien qu'elle creva.

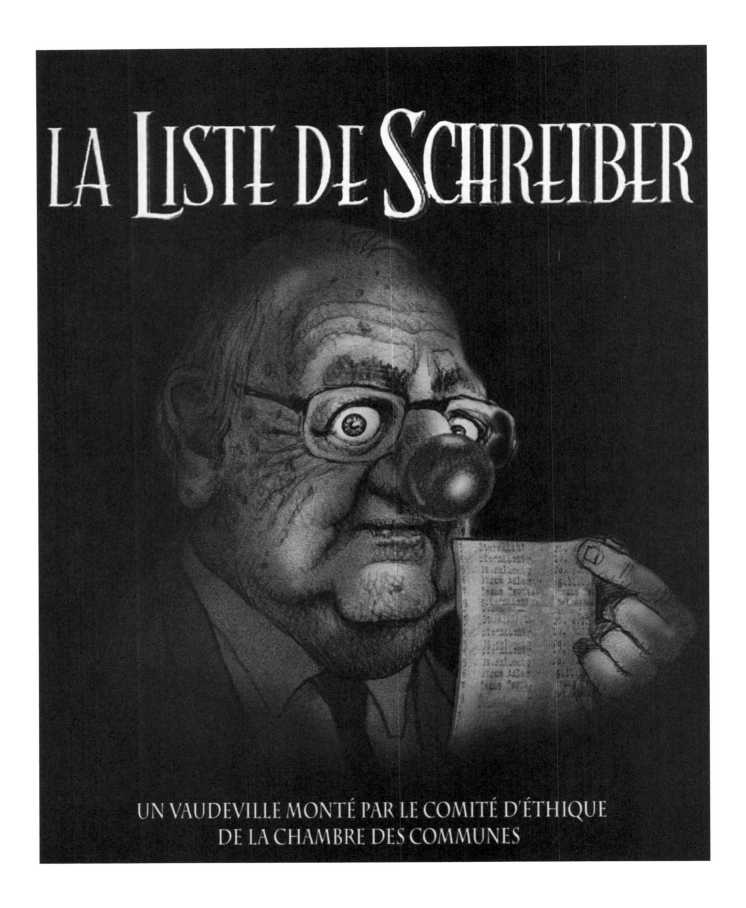

LA LISTE DE SCHREIBER

UN VAUDEVILLE MONTÉ PAR LE COMITÉ D'ÉTHIQUE
DE LA CHAMBRE DES COMMUNES

L'écrivain Victor-Lévy Beaulieu en colère
après la parution d'un livre du journaliste Noah Richler.

MARIO DUMONT REÇU AVEC FASTE À L'ÉLYSÉE

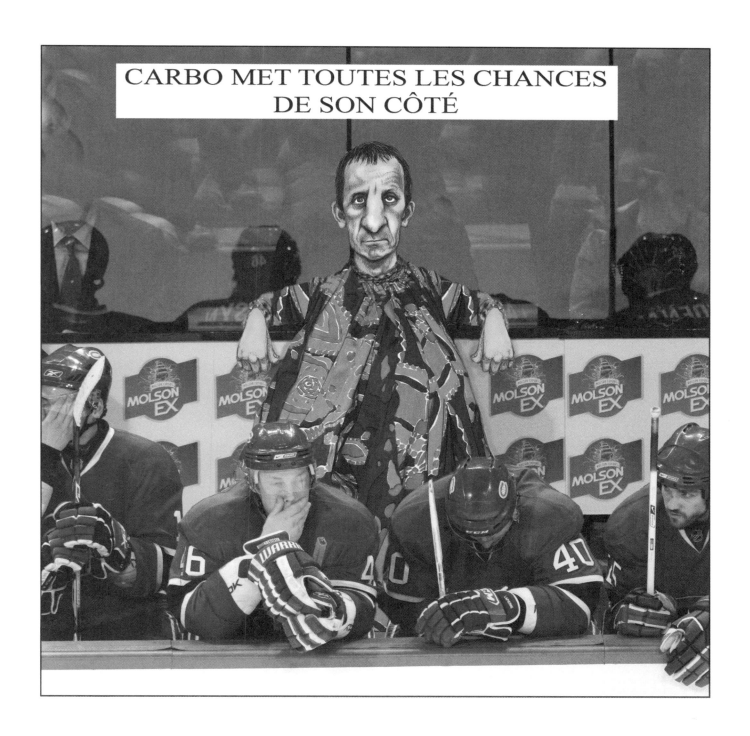

Bill Clinton soutient son épouse, Hillary, dans sa campagne pour l'investiture démocrate.

LE CANADA AUGMENTE SON AIDE AU MYANMAR

Maxime Bernier déclare que des avions-cargos canadiens pourraient transporter des hélicoptères de l'ONU au Myanmar, victime d'un cyclone, alors qu'aucun appareil n'est disponible.

SARKOZY DE PASSAGE À QUÉBEC

Le choix de Paul McCartney pour chanter sur les plaines d'Abraham,
à l'occasion du 400ᵉ de Québec, est critiqué.

LE SECRET DE MICHAEL PHELPS

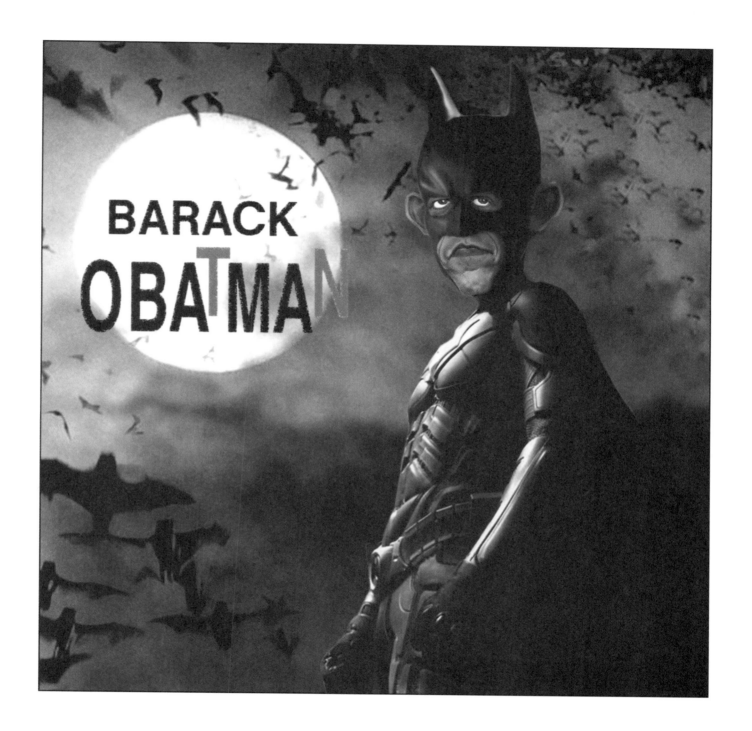

DION S'INSPIRE DE
LA CAMPAGNE ÉLECTORALE AMÉRICAINE

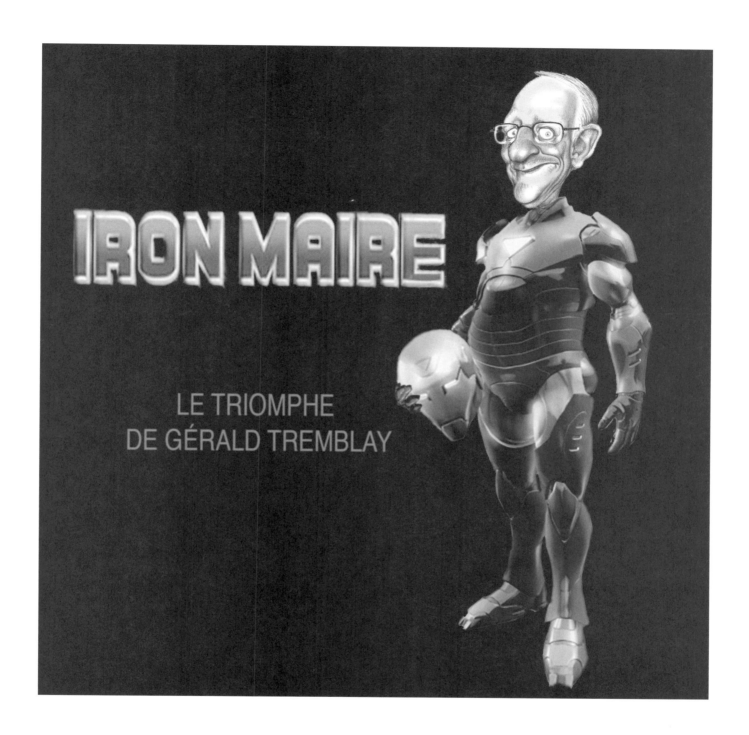

IRON MAIRE

LE TRIOMPHE
DE GÉRALD TREMBLAY

POUR DES RAISONS DE SÉCURITÉ NATIONALE
VOICI LA NOUVELLE TENUE DE JULIE COUILLARD

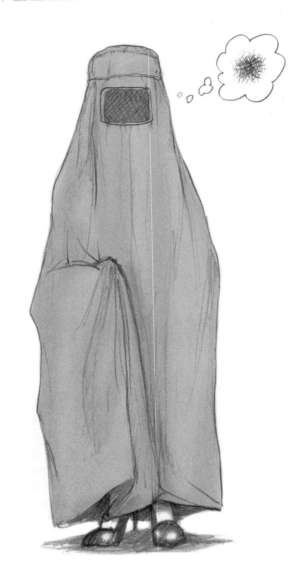

STÉPHANE DION EN TOURNÉE EN ALBERTA

La firme de conseil en environnement Green Shift poursuit le Parti libéral.

PIOCHE [pjɔʃ] n. f. — *pioche* 1363 ; de 2. *pic* [pi] **1.** Outil de terrassier ou de cultivateur, composé d'un fer à pointe (ou deux pointes) et à houe, assemblé à un manche par son milieu. ⇒ **houe**, 2. **pic**. *Manier le pic et la pioche.* «*Une pioche à la main, elle creusait une rigole*» (Bosco). — LOC. FAM. *Une tête de pioche :* une personne entêtée, qui a la tête dure.

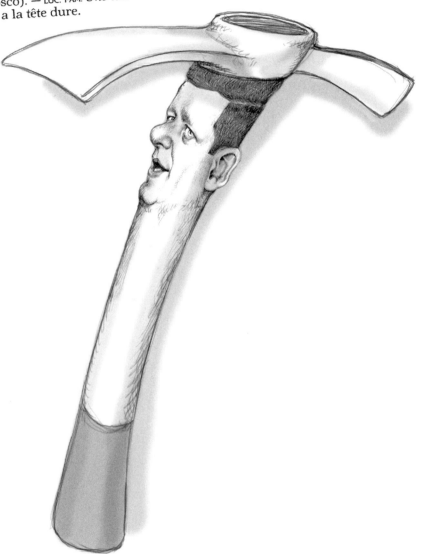

Après treize ans dans la clandestinité, l'ancien dirigeant serbe de Bosnie, méconnaissable, est arrêté.

**OÙ ÉTAIT PIERRE CURZI
DIMANCHE SOIR?**

Pierre Curzi, porte-parole du PQ en matière de culture, voit une défaite culturelle
dans la présence de Paul McCartney sur les plaines d'Abraham.

(Image non truquée)

(Image truquée)

PÉKIN
ARRIVÉE DE LA FLAMME OLYMPIQUE AU STADE…

Le basketteur Yao Ming (2,29 m) porte la flamme olympique.

On parle de trucages dans la retransmission de la cérémonie d'ouverture des Jeux.

ENFIN!
UNE PREMIÈRE MÉDAILLE D'OR
POUR LE CANADA
CATÉGORIE:
COUPURES DANS LES SUBVENTIONS AUX ARTS

COUILLARD PASSE AU PRIVÉ

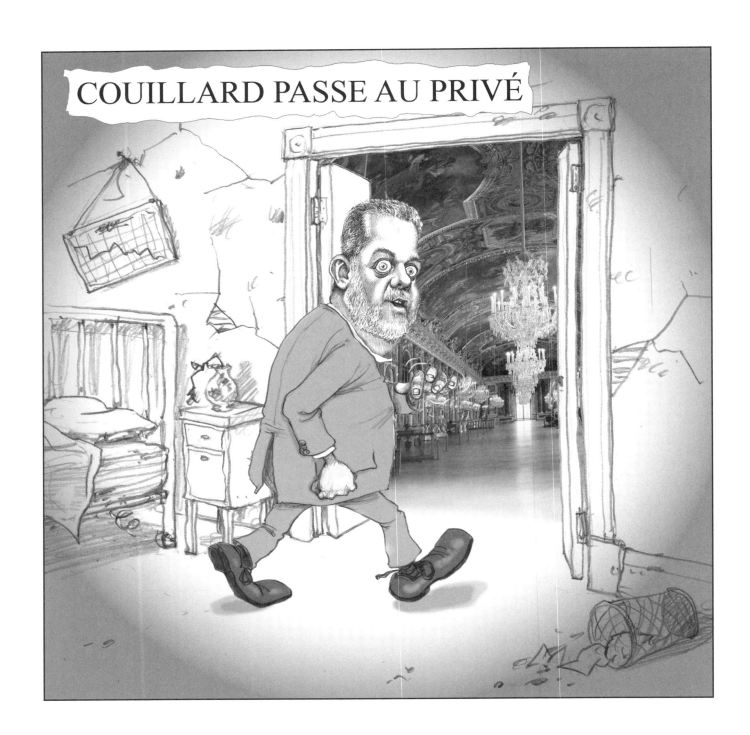

Campagne électorale à Ottawa.

Prêt à déclencher des élections, Stephen Harper n'arrive pas
à communiquer avec le chef de l'Opposition.

Une éclosion de listériose causée par des produits Maple Leaf fait plusieurs victimes.

LA STRATÉGIE DE DUCEPPE

DION VOLERA À BORD D'AIR INUIT

Faute d'avoir réservé un avion pour la campagne électorale,
le Parti libéral doit se rabattre sur un appareil d'Air Inuit vieux de trente ans.

Après l'annonce que l'Ordre du Canada sera accordé au médecin pro-choix Henry Morgentaler, des membres rendent leur décoration.

DION: "...ET LE BON PÊCHEUR EST L'AMI DU POISSON!"

La ministre du Patrimoine, Josée Verner, ne se présente pas au gala des Gémeaux.

JULIE COUILLARD TENTE D'ATTIRER L'ATTENTION SUR LA PUBLICATION DE SA BIOGRAPHIE

QUÉBEC SONGE À DÉMOLIR L'HÔPITAL ST-LUC

Le Dr Gaétan Barrette, président de la Fédération des médecins spécialistes, se réjouit de la nouvelle.

BERNIE ECCLESTONE EXPLIQUE SA POSITION

En dépit d'un contrat valide jusqu'en 2011,
Montréal ne figure plus au calendrier des courses de formule 1.

Au débat des chefs, tout le monde s'en prend à Stephen Harper.

FIN DE RÈGNE DU 43e PRÉSIDENT DES ÉTATS-UNIS:
KARL W. BUSH

Pour tenter de juguler la crise boursière, le gouvernement américain nationalise des banques.

LA SOLUTION:
LE STADÉOLIEN

MISE EN PAGES ET TYPOGRAPHIE :
CHRISTIAN CAMPANA

ACHEVÉ D'IMPRIMER EN NOVEMBRE 2008
SUR LES PRESSES DE L'IMPRIMERIE INTERGLOBE
À BEAUCEVILLE (QUÉBEC).